MODERN STUDY OF THE Harp

L'Etude Moderne de la Harpe

BY

Carlos SALZEDO

G. SCHIRMER, Inc.

DISTRIBUTED BY

HAL•LEONARD®
CORPORATION
7777 W. BLUEMOUND RD. P.O. BOX 13819 MILWAUKEE, WI 53213

La harpe est a la musique
ce que la musique est a la vie

The Harp is to Music
what Music is to Life

TABLE DES MATIÈRES

TABLE OF CONTENTS

AN APPRECIATION

When a master of his instrument such as Carlos Salzedo undoubtedly is, offers his experiences and theories, it should command wide-spread interest and attention. For he is not only the exponent of the modern school of the Harp, but, having previously made a profound study of the piano and of piano literature, he possesses qualities which have enabled him to disclose unexplored fields in the realm of his instrument.

In his new publication he offers possibilities for individual as well as collective performance heretofore unknown. He clearly points out to the student of the Harp as well as to the lover of the instrument what may be achieved in the way of musical expression when conceived and executed in such a progressive spirit.

It is therefore not too much to say that the work, which I herewith highly recommend, answers to a real need and that it will be welcomed by professional players of this so very fascinating instrument as well as by composers, orchestra leaders, and lovers of the Harp.

My best wishes will follow this work on its way toward deserved recognition and success.

Josef Hofmann

L'ETUDE MODERNE DE LA HARPE

MODERN STUDY OF THE HARP

INTRODUCTION

Ces études ne s'adressent pas uniquement aux harpistes, mais à ceux qui s'intéressent à toute manifestation musicale. Les compositeurs et les chefs d'orchestre y trouveront des renseignements qui affirmeront leurs intuitions ou solutionneront leurs doutes, quant à l'écriture et aux innombrables ressources de la harpe d'aujourd'hui.

En ce qui concerne les harpistes, le but de ces études est de leur offrir une matière décisivement musicale, au moyen de laquelle ils s'accoutumeront harmonieusement aux différentes particularités d'ordre mécanique, à l'art de phraser, et aux multiples sonorités de leur instrument.

Ces études peuvent être employées également par les novices et par les virtuoses. Les harpistes de peu d'expérience trouveront dans chaque mesure une substance qui remplacera avantageusement le contenu des inintéressants et ennuyeux cahiers d'exercices. Ils ne devront pas s'occuper des indications métronomiques, qui ne s'adressent qu'à ceux qui joueront ces études devant le public.

Individuellement, ces études ne se restreignent pas à la particularité technique annoncée par leur titre. Chacune d'elles contient des accords de différentes sortes et des sons harmoniques (simples et doubles), de façon a développer plusieurs points techniques dans la même étude.

Musicalement, ces études diminueront le mépris que les musiciens purs professent à l'égard de la harpe, sentiment compréhensible par suite de la qualité de la musique trop fréquemment écrite pour cet instrument.

Psychiquement, elles ouvriront des horizons nouveaux aux chercheurs d'émotions artistiquement pures.

Instrumentalement, elles seront instructives, car elles sont basées sur les récentes découvertes occasionnées, en grande partie, par le degré de perfectionnement des harpes construites dans les toutes dernières années.

Techniquement, elles développeront (au même degré pour les deux mains) une connaissance logique du doigter et des différentes sonorités.

Des sujets encore si peu déterminés tels que l'arpègement des accords, le problème si mystérieux de l'arrêt des vibrations (étouffés), le rôle délicat des pédales, les « flux éoliens » (glissandi), les « sons harmoniques » etc., y sont considérés dans leur essence.

These studies are not addressed solely to harpists, but to all who are interested in every musical manifestation. Composers and conductors alike will find in them information which will confirm their intuitions or solve their doubts, both with respect to the notation and the innumerable resources of the harp of to-day.

Regarding harpists, the aim of these studies is to offer them something of a decisively musical nature, by means of which they will accustom themselves to the different details of a mechanical order, to the art of phrasing, and to the multiple sonorities of their instrument.

These studies can be employed by novices as well as by virtuosi. Harpists of little experience will find in every measure something which will advantageously replace the contents of uninteresting and tiresome books of exercises. They must pay no attention to the metronomic signs, which are meant only for those who intend to play these works in public.

Individually, these studies are not restricted to the technical peculiarities suggested by their titles. Each one contains chords of various kinds and harmonic tones (double and single), so that one can develop several types of technique from the same study.

Musically, they will diminish the contempt with which fine musicians regard the harp; a comprehensible sentiment provoked by the quality of the music all too frequently written for this instrument.

Psychically, they will reveal new horizons to those who seek for pure artistic emotion.

Instrumentally, they will be instructive, because they are based on the recent discoveries made possible, largely, through the degree of perfection attained in the construction of harps in the last few years.

Technically, they will develop (in the same degree for both hands) a logical knowledge of fingering and of the various tone-effects.

Subjects heretofore so little understood as the "arpeggioing of chords," the mysterious problem of the "arrest of vibration" (i.e., "muffling"), the delicate use of the pedals, the "Æolian Flux" (i.e., the glissando), "harmonics," etc., are thoroughly examined as to their essential nature.

[1]

Des Accords

Accord : groupe de sons perçus simultanément.

En ce qui concerne la manière de jouer les accords, on doit se baser sur les deux principes suivants:

1. Le mode d'arpègement de chaque accord doit varier en raison de son caractère musical.

2. En général, du fait même de la nature propre de la harpe, tout accord non précédé d'indication spéciale doit être quelque peu arpégé. L'arpègement toutefois devra être assez rapide, afin de le distinguer d'un arpège réel.

De la différenciation instrumentale de la Harpe, considérée du point de vue de l'arrêt des vibrations et de la production du son.

La question de l'arrêt des vibrations est infiniment plus délicate à résoudre, car, à ce problème technique, se mêlent des considérations d'ordre supérieur qui nous font pénétrer dans la psycho-physiologie de la harpe, domaine, il faut l'avouer, encore peu exploité. Seules, des recherches conduites dans cet ordre d'idée peuvent permettre de découvrir le véritable langage et l'écriture logique des sons destinés à être exprimés par le plus élémental des instruments. Un exemple typique, entre autres, mettra en lumière en quoi la harpe se différencie, dans son principe instrumental, des autres instruments. Chez tous les instruments les silences signifient la cessation absolue du son. Le pianiste enlève les mains du clavier et ôte la pédale; le violoncelliste sépare l'archet des cordes, le hautboïste l'anche de ses lèvres; tandis que le harpiste procède à l'opposé: afin d'obtenir le silence, il applique les mains grandes ouvertes sur les cordes. (La différence du geste est extrêmement significative; elle est une des raisons qui démontrent la nécessité de constituer pour la harpe une catégorie séparée.) On retrouve aussi ce même caractère de différenciation en ce qui concerne l'émission du son et la durée de sa vibration. Sur la harpe, le son s'obtient en retirant vivement le doigt de la corde mise en mouvement et se prolonge de lui-même, sans le secours d'aucun procédé mécanique tel que pédale ou archet.

L'art, ayant comme principe d'accuser les caractères, et de tirer parti de toute différenciation organique, on conçoit que l'arrêt de ces vibrations qui constituent la saveur élémentale de la harpe, aille à l'encontre de son rôle de médium d'expansion cosmique, auquel sa nature éolienne semble la désigner. Selon sa conception d'autrefois, les conflits harmoniques provoqués par la prolongation de ses vibrations étaient contraires à la musicalité intrinsèque des œuvres exécutées. Cette anomalie, que l'avenir fera inévitablement disparaître, est encore plus frappante alors qu'il s'agit des transcriptions pour harpe, d'œuvres

On Chords

Chord: a group of sounds viewed simultaneously.

The playing of all chords should be based on the two following principles:

1. The manner of "arpeggioing" the chords must vary according to their musical character.

2. In general, because of the nature of the harp, all chords not preceded by a special sign must be slightly arpeggioed. The arpeggioing, however, should always be rather rapid, in order to distinguish it from a real arpeggio.

On the peculiar instrumental character of the Harp, considered from the point of view of the "arrest of vibration" and production of tone.

The question of the "arrest of vibration" is infinitely more delicate to elucidate, because, mingled with the technical problem, are considerations of a higher order, which make us penetrate into the psychophysiology of the harp, a domain, it must be confessed, as yet little explored. Only researches conducted along this line of thought, will enable us to discover the true language and logical notation of sounds destined to be expressed by this, the most elemental of instruments. A typical example, amongst others, will throw light on the way the harp is so differentiated in its instrumental principle from other instruments. With all instruments, the rests signify the absolute cessation of sound. The pianist lifts his hand from the keys (also releasing the pedal); the 'cellist raises his bow from the strings; the oboist removes the reed from his lips; whereas, the harpist proceeds to do the exact opposite: in order to obtain silence, he places his hands, wide open, upon the strings. (This difference in gesture is extremely significant; it is one of the reasons that demonstrate the necessity of placing the harp in a separate category). One finds also the same kind of differentiation in that which concerns the emission of sound and the duration of its vibration. On the harp, the sound is obtained by quickly withdrawing the finger from the string set in motion, and is prolonged by itself, without the aid of any mechanical appliance, such as pedal or bow.

Art being based on the principle of accentuating characteristics and taking advantage of all organic differentiation, one would understand that the arrest of these vibrations which constitute the very elemental nature of the harp, runs counter to its rôle as a medium of cosmic expansion, for which its Æolian nature seems to have destined it. According to its former conception, the harmonic conflicts provoked by the prolongation of its vibrations were contrary to the intrinsic musical conception of the works executed.

This anomaly, which the future will inevitably cause to disappear, is all the more striking when we come to the question of transcribing, for the harp,

écrites originalement pour le piano (exception faite de certaines œuvres contemporaines pour lesquelles le piano est un médium plus pratique que satisfaisant d'exprimer les coloris et les atmosphères désirés par les compositeurs).

works originally written for the piano (with the exception of certain contemporary works, for which the piano is a more practical than satisfactory medium for expressing the colors and atmospheres desired by the composer).

Du Principe élémental de la Harpe

Des considérations énoncées ci-dessus, découle pour la harpe une conception originale. La superposition des vibrations provoquées par des harmonies différentes (qui est inadmissible pour la musique écrite autrefois pour la harpe), peut servir d'expression à une musicalité spéciale, lorsque volontairement provoquée et contrôlée.

Cette *musicalité nouvelle* (infiniment plus en accord avec les vibrations élémentales de l'Univers), trouve dans la harpe—et dans la harpe seule—son médium parfaitement adapté, grâce au jeu des pédales dont les multiples combinaisons offrent un champ illimité à la science et à la fantaisie harmonique; grâce aussi aux sonorités si diverses et encore si peu exploitées, qui découlent naturellement du contact *direct* établi entre la sensibilité tactile de l'exécutant, et les vibrations des cordes productrices des sons.

Sur ces bases sont établies, dans leur contexture musicale et technique, les études qui suivent.

On conçoit facilement que les effets originaux de la harpe, multipliés par un *ensemble* de ces instruments, aboutissent à la création d'une atmosphère musicale incomparable.

L'orchestre même, dans son état actuel, ne peut produire le sentiment de fluidité, de continu harmonique et mélodique, qui jaillit d'une masse de harpes, comme d'une mer sonore, lavée par les ruissellements d'une organique lumière.

L'usage à l'orchestre d'un *ensemble de harpes* doit fatalement résulter de la direction de la musicalité contemporaine, qui sans cesse s'abreuve plus largement aux sources élémentales, unissant en grandes vagues sonores les voix de la Terre, organisées en de puissantes et subtiles synthèses humaines.

Alors que dans la plupart des instruments (cordes, bois, cuivres, instruments à clavier) le son est enclos dans l'individualité précise de l'instrument, et y meurt en ne se mêlant que momentanément à la vie élémentale, les harpes, par l'envol de leurs vibrations, qui, après avoir noué d'harmoniques étreintes, vont lentement s'éteindre, bruissantes, vers le futur, sont comme la matrice musicale d'où doivent jaillir les sonorités individualisées des autres instruments, comme le fond fluidiquement lumineux de grandes fresques d'où se détachent les couleurs des choses.

On the Elemental Principle of the Harp

From the matter considered above, there results, for the harp, a novel conception. The superposition of vibrations provoked by the different harmonies (which is inadmissible for the music formerly written for the harp), can serve as the expression for a special type of musical utterance, when intentionally called forth and controlled.

This *new musicalness* (infinitely more in harmony with the elemental vibrations of the Universe), finds in the harp, and in the harp alone, a perfectly responsive medium, thanks to the use of the pedals, whose multifold combinations open an illimitable field both to science and to fantasy in harmony; thanks also to the tone-effects, so diverse and as yet so little known, which spring naturally from the *direct* contact established between the sensitiveness of the executant's touch and the vibration of the strings producing the sounds.

On these foundations the following studies are established, in their musical content and technical form.

One can easily conceive that the original effect of the harp, multiplied by an *ensemble* of these instruments, would succeed in creating an incomparable musical atmosphere. Even the orchestra itself, in its present state, cannot produce the impression of fluidity, of harmonic and melodic continuity, which emanates from a mass of harps, as from a sonorous sea bathed by the streams of elemental light.

The use in an orchestra of such an *ensemble of harps* will naturally, of necessity, result from the trend of contemporary musicalness, which draws its inspiration unceasingly from elemental sources, combining in grand, sonorous waves the voices of the Earth, organized by man in powerful and subtle blendings.

While in most instruments (string, wood, brass, key-board instruments) the tone is precisely delimited by the individuality of the instrument, and so vanishes, blending but momentarily with the elemental life, the harps—by the flight of their vibrations, which, after their harmonic intertwining, slowly die away, murmuring on and on—form a kind of musical matrix from which emerge the individualised sonorities of the other instruments, like those meltingly luminous backgrounds of great frescoes, upon which the colors of the subjects stand out.

[3]

De l'Ecriture de la Harpe

Les arrêts nécessaires des vibrations, sont soigneusement indiqués au cours de ces cinq études. En les observant intelligemment, on parviendra à pénétrer la nature intrinsèque de la harpe.

Parfois, l'écriture pourra dérouter les lecteurs par l'emploi des notes synonymes (Sol♭ au lieu de Fa♯) au lieu des notes dites « réelles. » En outre que les notes d'un accord ne sont « réelles » qu'en vertu d'une convention essentiellement théorique et sans aucune base élémentale, l'usage (pour la harpe) de l'orthographe conventionnel provoquerait la nécessité presque constante de deux textes musicaux, l'un présentant les accords dans leur orthographe visuelle :

 l'autre dans l'état requis pour l'exé-

cution instrumentale :

Un « accident de précaution » est une indication placée devant une note lorsque l'état de cette note prête au moindre doute. Afin de simplifier l'écriture, ces « accidents de précaution » ont souvent été omis. Si l'on doute de la véracité des accords (harmoniques ou mélodiques), il suffira d'interroger l'armature et d'examiner si les pédales sont bien à leur place d'après leur indication individuelle. Parfois, des accidents de « sur-précaution » ont été parsemés, ceci dans un besoin plus personnellement esthétique que musical.

En recherchant l'écriture correspondant au langage aérien de la harpe, on devait inévitablement aboutir à la suppression des silences dans l'une des portées, lorsque l'autre portée indique clairement la construction rythmique. Cependant, afin d'éviter des hésitations dans la lecture ou lorsque l'esthétique visuelle réclame des silences—alors même que les sons émis doivent continuer à vibrer—ces silences sont toujours additionnés de l'indication L. V. (laisser vibrer). On peut d'ailleurs prévoir l'entière suppression des silences dans l'écriture de la harpe du futur.

On the Method of Writing for the Harp

The necessary arresting of vibrations is carefully indicated in the course of these five studies. By observing these directions intelligently, one will succeed in fathoming the essential nature of the harp.

Sometimes the notation may mislead the reader, owing to the use of enharmonically changed notes (i.e., G♭ in place of F♯).

The existing method of musical notation is the result of convention; it is not based on natural law. In order clearly to express the musical idea, it would often be necessary (for the harp) to write it in two ways, one employing the conventional notation :

 the other enharmonically changing the notation in order to make it practical

for the player, thus :

A "precautionary accidental" is a sign placed before a note when the status of this note offers the least doubt. In order to simplify the writing, these precautionary accidentals are often omitted. If in doubt regarding the correctness of any notes, examine the key-signature and see if the pedals are in place, according to the directions already given for each.

Sometimes "extra-precautionary accidentals" have been inserted for reasons more personally æsthetic than musical.

In seeking a notation corresponding to the aërial language of the harp, one inevitably arrives at the suppression of rests on one of the staves, whereas the other staff will clearly indicate the rhythmic construction. Nevertheless, in order to avoid hesitation in the reading, or to satisfy an æsthetic need for rests —even when the emitted sounds should continue to vibrate—those rests are always supplemented by the indication L. V. (let vibrate). Moreover, one can foresee the complete suppression of rests in the notation of the harp of the future.

Des Pédales

(Les pédales doivent s'actionner, autant que possible, en gardant les talons à terre.)

Chaque déclanchement de pédale est scrupuleusement indiqué en accord avec les rythmes de l'expression musicale. En en tenant consciencieusement compte, on acquerra doux choses importantes en soi et nécessaires pour interpréter fidèlement la pensée musicale. D'abord, les pédales cesseront d'être une préoccupation particulière, ce qui fera disparaître l'effroi qu'illogiquement elles causent. Puis, du fait de leur correspondance avec les accentuations musicales (esthétiquement et sonorement considérées),

On Pedals

(When working the pedals, the heels should be kept on the floor as much as possible.)

Every unnotching of the pedals is scrupulously indicated in accord with the rhythms of the musical expression. By conscientiously taking note of this, one will acquire two things important in themselves and necessary to interpret faithfully the musical thought. First of all, the pedals will cease to occasion special solicitude, and thus the needless worry they cause will disappear. Then, also, owing to their correspondence with the musical accentuation (æsthetically and sonorously considered) the movements

les mouvements des jambes et des pieds ne seront plus livrés au hasard. Ainsi, l'action des pédales pourra s'effectuer (ce qui est de toute première importance) de façon aussi inapercevable que silencieuse, et l'ensemble des mouvements de l'instrumentiste constituera un **tout** indissolublement harmonieux et plus essentiellement artistique. (On remarquera que les pédales appartenant au pied droit sont toujours indiquées au dessus de celles devant être actionnées par le pied gauche, moyen uniquement conventionnel qui facilitera la lecture. Le nom originel de chaque note, emprunté à l'hymne de Saint-Jean, est indiqué en caractères romains, et les lettres en italique.)

Des Flux éoliens

Ces effets, conventionnellement connus sous le nom inadéquat de *Glissandi* sont, d'entre tous les effets instrumentaux, les plus directement expressifs des éléments universels. Ils ne doivent pas se glisser trop vite, afin de ne pas laisser échapper leur charme mystérieux. Néanmoins, une trop grande lenteur d'exécution qui permettrait de percevoir leur organisme, doit être également évité. Ces *Flux* doivent toujours s'effectuer très également, spécialement aux jonctions. Le changement de nom de *glissandi* (en français « *en glissant* »), provient de ce que ce nom n'indique qu'un geste physique sans suggérer moindrement l'effet élémental qui résulte de l'application de ce geste.

Des sons harmoniques

Ces sonorités, on ne peut plus subtiles, nécessitent, pour leur production, toute la pureté mentale de l'instrumentiste aussi bien dans l'élégance de la position de la main que dans le mouvement précis d'où s'échappe l'harmonique.

Quelques considérations sur le travail

Lorsque certains passages réclameront le travail des mains séparées, il ne faudra jamais interrompre la partie des pédales, que leur action soit ou non nécessaire à la main s'exerçant, car, alors que le jeu de chaque main est individuel, le jeu des pédales est réglé par un acte unique de volonté, qu'il serait mauvais, par conséquent, de démembrer. Si quelques passages de pédales semblent un peu compliqués, le meilleur et le plus simple moyen sera d'interrompre la partie des mains pour ne travailler que celle des pieds, en comptant énergiquement à voix haute. D'ailleurs, en général, on ne pourrait suffisamment conseiller le comptage à haute voix. Cet exercice est le seul moyen de relier la pensée interprétatrice à l'action qui doit se formuler par les doigts. Ainsi se trouvera développé et affirmé le sens rythmique de l'élève, autant intérieurement qu'extérieurement.

of the feet will no longer be left to chance. The action of the pedals can thus be controlled in a manner both unnoticeable and silent (a most important matter), and the ensemble of the player's gestures will constitute a **whole** indissolubly harmonious and more essentially artistic. (Notice that the pedals used by the right foot are always indicated above those to be used by the left foot—a purely conventional means to facilitate reading. The original name of each note, borrowed from the Hymn of Saint John, is indicated in roman type, and the letters in italics.)

On Æolian Flux

These effects, usually known by the inadequate name of *glissandi*, are, among all instrumental effects, the most directly expressive of universal elements. They must not glide too quickly, that none of their mysterious charm may be lost. However, too great slowness of execution, which would permit their construction to be perceived, should be equally avoided. These *Flux* should always be very evenly executed, especially at their junctions. The changing of the name of *Glissandi* (in English "*gliding*"), springs from the fact that this name simply indicates a physical gesture, without suggesting in the least the elemental effect which results from the application of the gesture.

On Harmonics

These tone-effects, than which nothing is more subtle, necessitate for their production all the delicacy of the player, as shown in the grace of the position of the hand, and in the precision of gesture by which the harmonic is produced.

Some Advice on Practice

When certain passages require practice by each hand separately, one must never interrupt the work of the pedals, no matter if their action is or is not necessary to the hand engaged; because, although the work of each hand is individual, the play of the pedals is regulated by a distinct act of the will, whose dissociation is therefore inadvisable. If certain passages for the pedals seem a little complicated, the best and simplest expedient is to leave out the part for the hands and let the feet work alone, always counting energetically aloud. Further, in general, one cannot too strongly advise the counting of time aloud. This exercise is the only means of fusing the interpretative thought with the action to be carried out by the fingers. Thus, the rhythmic sense of the pupil will develop and establish itself, both in mind and mechanical action.

Si les élèves désirent atteindre un résultat efficace, ils devront travailler avec logique, suite dans les idées, et persévérance. Il est de toute importance qu'ils se débarrassent de la crainte (fondamentalement erronée), que leur causent toute nouveauté d'ordre technique.

Le fait seul de cette nouveauté constitue ce qui leur apparaît illogiquement comme une difficulté.

Il n'y a rien de difficile. Il n'y a que des choses NOUVELLES, *inaccoutumières.*

Lorsqu'on se sera profondément imprégné de cette logique, qu'on l'aura méditée, puis mis en pratique, le calme et la confiance naîtront, et grâce à ces indispensables vertus, le travail de l'instrumentalisation musicale deviendra un agréable passe-temps conduisant à de très pures joies.

CARLOS SALZEDO.
1918

If a pupil wishes to attain a worth-while result, he must practise logically, step by step, and perseveringly. It is of the utmost importance that he should get rid of the fear (fundamentally false) which all new ideas of a technical order cause. They seem difficult merely because they are new.

There is nothing difficult. There are only NEW things, *unaccustomed* **things.**

When one is profoundly impressed with this truth, has meditated upon it and then put it into practice, calmness and confidence will ensue; and thanks to these indispensable qualities, musical practice becomes an agreeable pastime, leading towards the purest joys.

SIGNES EN USAGE ET NOUVEAUX SIGNES POUR L'ÉCRITURE DE LA HARPE.

SIGNS IN USAGE AND NEW SIGNS FOR THE METHOD OF WRITING FOR THE HARP.

(Les mouvements métronomiques placés en tête des exemples donnés, ont pour but de démontrer la vitesse correspondant le mieux au caractère de l'effet demandé.)

(The Metronomic tempi indicated at the head of the given examples, are intended to denote the rate of speed at which each effect appears at its best.)

Ce signe, mis en tête d'un morceau, ou d'un passage, indique l'ARMATURE HARPISTIQUE (*la disposition des pédales*).

This sign, at the head of a piece, or of a passage, indicates the HARPISTIC KEY-SIGNATURE (*the arrangement of the pedals*).

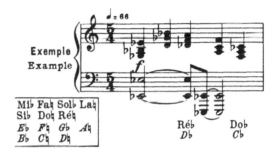

La♯
A♯
pour indiquer une pédale.
to indicate a pedal.

Mi♯
E♯
pour indiquer qu'une pédale appartenant au jeu du pied droit devra être actionnée avec le pied gauche (et vice versa).
to indicate that a pedal on the right side must be moved by the left foot (and vice versa).

Ré♯-♮
Do♯-♮
pour actionner deux pédales avec le même pied. Ce mouvement, qui ne peut être employé que pour des durées très brèves, est conseillable seulement lorsque l'autre pied ne pourrait atteindre l'une des pédales, ou lorsque trois pédales devraient être actionnées simultanément.

D♯-♮
C♯-♮
to move two pedals with the same foot. This motion—impracticable excepting for very brief durations—is advisable only when the other foot cannot reach one of the pedals, or when three pedals have to be moved simultaneously.

Sol♯ ————
G♯ ————
pour actionner une pédale sans la mettre dans le cran (le pied ne quittant pas la pédale).
to move a pedal without putting it in the notch (keeping the foot on the pedal).

Do♯
C♯
pour actionner une pédale pendant un point d'arrêt.
to move a pedal during a hold.

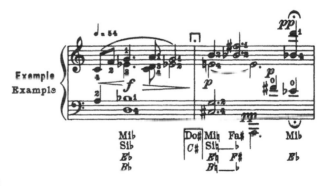

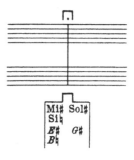

pour plusieurs pédales, le signe est amplifié:
for several pedals, the sign is amplified:

pour jouer une note par son enharmonique.   (Usité particulièrement dans la musique écrite autrefois pour la harpe.)
to play a note enharmonically.   (Used particularly in the music written formerly for the harp.)

pour placer simultanément un groupe de cordes.
to place simultaneously a group of strings.

pour placer les doigts sur certaines cordes, en guise de point d'appui pour le pouce, lorsque celui-ci effectue un passage tout seul.   (Le choix des cordes à tenir, dépend de la grandeur de la main de l'instrumentiste; l'exemple suivant est écrit pour une main de taille ordinaire.)

to place the fingers on certain strings, as a means of support for the thumb when the latter plays a passage alone.   (The choice of strings to be held depends on the size of the player's hand; the following example is written for an average sized hand.)

pour quitter une corde, dans le courant d'une phrase.   (Ce geste doit être considéré seulement comme une manière de doigter.)
to leave a string, during a phrase.   (This gesture to be considered only as an indication of fingering.)

 pour jouer en glissant le doigt d'une corde à une autre.
to play by sliding the finger from one string to another.

[8]

Il est bien entendu que l'application du même doigt à plusieurs notes consécutives, n'implique en lui-même aucun glissé.—Quant au signe ⌒, en dehors de l'exemple donné (c'est-à-dire additionné d'un doigté), il n'a de par lui-même qu'une valeur de phraser.

It is well understood that the use of the same finger for several consecutive notes does not in itself imply sliding.—As for the sign ⌒, excepting in the example given (that is, when a fingering is added), it is a mark of phrasing.

pour quitter la corde après chaque son, quel que soit le doigté.
to leave the string after each sound, whatever the fingering.

pour jouer avec une sonorité langoureuse, indécise (en quittant souplement la corde après chaque son, quel que soit le doigté).
to play with a langourous sonority (leaving the string with suppleness after each sound, whatever the fingering).

pour **glisser avec souplesse** le long d'une corde, de son milieu à son extrémité supérieure et vice versa.   Ce glissé doit s'effectuer sur la note qui se trouve après le

(dans l'exemple ci-dessous, glissez sur le La immédiatement après avoir joué le Si). Ce geste a pour but d'éviter la dissociation physique de deux sons (lorsque ces sons appartiennent à la même phrase musicale), la main ne perdant pas contact des cordes pendant le laps de temps qui sépare l'émission de ces sons.

To **slide with suppleness** along a string, from the centre to the top and vice versa.

This sliding should be effected on the note which is written after the

(in the example below, slide on A immediately after having played B).   The object of this gesture is to avoid the physical dissociation of two sounds (when those sounds belong to the same musical phrase), the hand not losing contact with the strings during the lapse of time that separates the emission of those sounds.

Exemple
Example

pour arpéger un accord de bas en haut.
to roll a chord from bottom to top.

pour arpéger un accord de haut en bas.
to roll a chord from top to bottom.

pour jouer sans le moindre arpègement (plaqué).
to play flat (without the slightest breaking).

[9]

Deux queues sur la note indicatrice d'un trille, indiquent que ce trille doit se jouer avec les deux mains; cette manière est de beaucoup la plus efficace. (Le nombre des battements dépend de la vitesse du mouvement.)

Two stems on the indicative note of a trill indicate that the trill should be played with both hands; this way is undoubtedly the most efficacious. (The number of trill-beats depends on the rapidity of the tempo.)

Le mécanisme des pédales de la harpe ne s'étend pas au-delà des ♭ et ♯; par conséquent, les ♭♭ et les ✕ se jouent au moyen de notes enharmoniques. Cependant, dans certains cas (entre autres, trilles et trémolos) cette substitution enharmonique ne suffit pas et il sera indispensable de désaccorder une des cordes d'un demi-ton, ainsi que le démontre l'exemple suivant:

The mechanism of the harp-pedals does not reach beyond the ♭ and ♯; consequently, the ♭♭ and the ✕ are played by employing enharmonic tones. However, in certain cases (such as trills and tremolos) this enharmonic substitution is not sufficient and it becomes indispensable to tune one of the strings up or down by a semitone, as is shown by the following example:

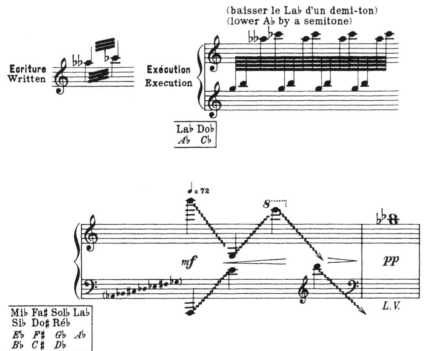

Flux éoliens*: en glissant au milieu des cordes, avec les pédales spécialement disposées; en montant avec le 2ᵉ ou le 3ᵉ doigt, en descendant avec le pouce, la main entièrement ouverte sans aucune raideur.

Æolian Flux*: obtained by gliding in the centre of the strings, with the pedals specially arranged; upward with the 2nd or the 3d finger, downward with the thumb, the hand wide open without any stiffness.

*Les notes gravées en petits caractères, entre parenthèses, indiquent la construction du Flux.
La valeur de la note de départ de chaque Flux, indique la durée exacte de chaque Flux.
*The notes engraved in small type, between parentheses, indicate the construction of the Flux.
The value of the starting-note of each Flux indicates the exact duration of each Flux.

[10]

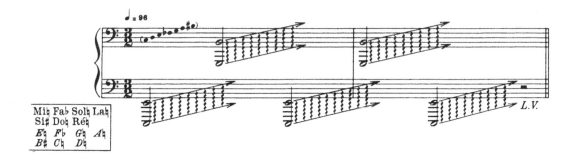

Bruissements éoliens : on tirant lentement les mains à plat et très appuyées sur les cordes, les doigts étroitement joints dans la position horizontale. Les notes indiquent l'endroit (approximatif) du départ de chaque mouvement.

Æolian rustling. The hands, pressing the strings, are drawn slowly across them, fingers close together in the horizontal position. The notes indicate the (approximate) point of departure of each movement.

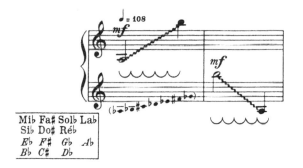

Flux hautboïstiques : principe des Flux éoliens, glissés près de la table d'harmonie. Cette sonorité se précise mieux en jouant mezzo-forte et pas trop vite.

Oboic Flux : on the principle of the Æolian Flux, glided near the sounding-board. This sonority is at its best when played mezzo-forte and not too rapidly.

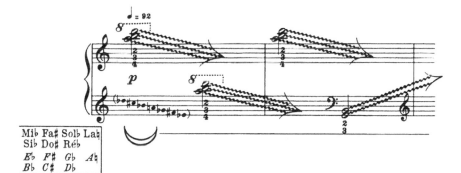

Flux en grêle : en glissant au milieu des cordes avec le dos des ongles, en descendant la paume de la main en dedans, en montant la paume de la main tournée en dehors. (Les pédales spécialement disposées.) Cette sonorité se précise mieux en jouant *p* et assez lentement.

Falling-hail effect : by gliding in the centre of the strings, with the back of the finger-nails; in descending, the palm of the hand inward; in ascending, the palm of the hand turned outward. (Pedals specially arranged.) This sonority is finest when played *p* and rather slowly.

IL Y A DIFFÉRENTES MANIÈRES DE TERMINER LES FLUX ET EFFETS ÉOLIENS:

Une note en petit caractère à l'extrémité droite du signe du Flux

indique que le Flux doit exactement se terminer sur cette note.

[11]

Une flèche à l'extrémité droite du signe du Flux indique que la fin

du Flux ne doit se préciser sur aucune note, mais au contraire se perdre dans la fluidité harmonique du Flux.

Pour une succession de Flux, montants et descendants, la fin du signe du Flux

n'est augmenté d'aucun signe spécial (flèche ou petite note). Car dans ce cas on ne relie pas conjointement les jonctions (on omet quelques cordes sans interrompre moindrement le jeu) et le nombre des cordes à omettre dépend de la grandeur de la main de l'instrumentiste. De plus, toute précision d'indication, dans le but d'*atteindre* une *note exacte*, enlèverait la fluidité nécessaire au rendement de l'effet demandé.

THERE ARE DIFFERENT WAYS OF TERMINATING THE FLUX AND ÆOLIAN EFFECTS:

A note in small type at the right-hand extremity of the Flux sign

indicates that the Flux must terminate on that note.

An arrow at the right-hand extremity of the Flux sign indicates that

the end of the Flux must not fall on any individual note, but on the contrary should lose itself in the harmonic fluidity of the Flux.

For a succession of Flux, ascending and descending, the end of the Flux sign

is not augmented by any special sign (arrow or small note); for in that case, one does not tie conjointly the junctions (one omits a few strings without at all interrupting the playing), and the number of strings to be omitted depends on the size of the instrumentalist's hand. And besides, any precision of indication, aiming to *get* to an *exact note*, would take away the necessary fluidity for the rendition of the required effect.

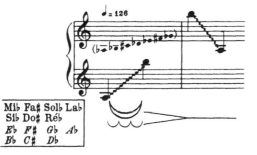

Mib Fa♯ Solb Lab
Sib Do♯ Réb
E♭ F♯ G♭ A♭
B♭ C♯ D♭

Xyloflux : principe des Flux en grêle, glissés au ras de la table d'harmonie, en montant avec le pouce, en descendant avec le 3° doigt.

Xyloflux : on the principle of the Falling-hail effect, glided as near as possible to the sounding-board; upward with the thumb, downward with the 3d finger.

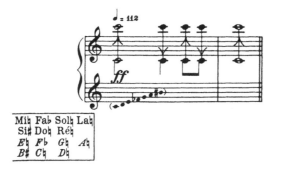

Mi♮ Fab Sol♮ La♮
Si♯ Do♮ Ré♮
E♮ F♭ G♮ A♮
B♯ C♮ D♮

Accords en jet : en glissant brusquement au milieu des cordes de la note de départ à la note d'arrivée, d'après le sens de la flèche, en montant avec le 3° doigt, en descendant avec le pouce.

Gushing chords : Sliding brusquely in the centre of the strings from the starting-note to the end-note, as the arrow points, upward with the third finger, downward with the thumb.

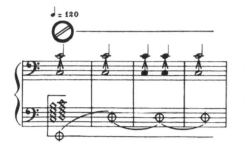

Effet de tambour militaire sans timbre : Main gauche, posée à plat sur l'extrémité haute des cordes indiquées en notes carrées; main droite, principe de l'Accord en jet ascendant, exécuté sur les mêmes cordes.

Effect of snare-drum with loosened snares : Lay left hand flat along the tops of the strings indicated by square notes; right hand plays as for the Gushing chords, upward direction, executed on these same strings.

Trémolo éolien : Frotter très rapidement, en mouvement de va-et-vient (avec la main à plat et les doigts en haut), les cordes comprises entre les notes-limites (les pédales spécialement disposées).

Æolian Tremolo : Rubbing very rapidly, back and forth (with the flat of the hand and the fingers pointed upward), across the strings included between the given notes (pedals being specially arranged).

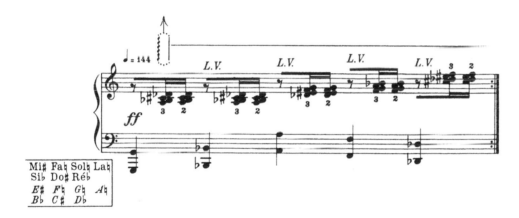

Accords éoliens ascendants : se produisent en glissant (de bas en haut) un doigt aussi rapidement que possible sur un groupe de cordes (les pédales spécialement disposées). Les notes de chaque accord doivent être jouées presque simultanément. La main doit être irréprochablement tenue dans la position normale. Après avoir produit l'accord, le doigt doit se replier instantanément dans la paume de la main et y demeurer lorsqu'un autre doigt devra jouer un deuxième accord. Le doigté est indiqué auprès de chaque accord.
L'exemple suivant est composé d'**Accords éoliens ascendants** et d'**Accords ordinaires**. Ainsi présentés, la sonorité des accords éoliens se trouve mieux précisée.

Ascending Æolian Chords : are produced by sliding (upward) a finger as rapidly as possible across a group of strings (pedals specially arranged). The notes of each chord must be played almost simultaneously. The hand must be irreproachably kept in the normal position. Once the chord is produced, the finger must be drawn instantly into the palm of the hand and remain there whilst another finger plays a second chord. The fingering is indicated next each chord.
The following example is composed of **Ascending Æolian Chords** and **Ordinary Chords**. Thus presented, the sonority of the Æolian chords determines itself better.

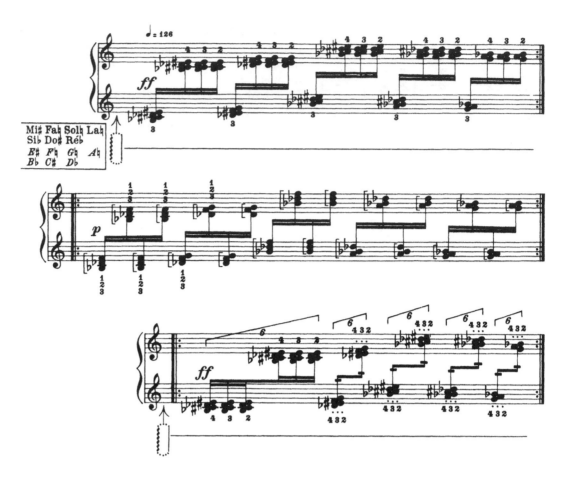

Les **Accords éoliens descendants** (exemple suivant) se produisent par le même principe que les **ascendants.** Ils se jouent avec le pouce, en glissant de haut en bas.
The **Descending Æolian Chords** (following example) are produced by the same principle as the **Ascending Æolian Chords.** They are played with the thumb, sliding downward.

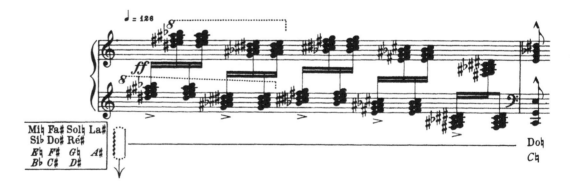

Effet de tonnerre: glisser violemment avec le 2ᵉ doigt de la main gauche, de la note du départ à la note d'arrivée (cordes filées), dans le sens de la flèche, en faisant *intentionnelle-ment* claquer les cordes les unes contre les autres, et les laisser vibrer.
Thunder effect: by sliding violently with the 2d finger of the left hand, from the starting-note to the end-note (wire strings), as the arrow points, allowing the strings *intentionally* to strike against each other, and let them vibrate.

Sons sifflés.

Sons sifflés rapides, *premier exemple* : glisser aussi rapidement que possible sur toutes les cordes filées dans le sens de leur longueur (d'après la direction de la flèche) avec la main gauche à plat, horizontalement, sans laisser vibrer.

Sons sifflés lents, *deuxième exemple* : au lieu de glisser rapidement, la main glissera lentement pendant une durée équivalente à la valeur de la note indiquée, puis demeurera immobile sur les cordes; plusieurs mouvements dans la même direction doivent s'exécuter, autant que possible, du même coup de bras.

Dans le premier exemple (**rapide**) *les notes sont surmontées d'un point. Dans le deuxième exemple* (**lent**) *les notes sont additionnées d'un couloir.*

Whistling Sounds.

Rapid Whistling Sounds, *first example:* Slide as rapidly as possible, lengthwise, on all the wire strings (as the arrow points) with the flat of the left hand (horizontal), allowing no vibration.

Slow Whistling Sounds, *second example:* Instead of sliding rapidly, the hand slides slowly, occupying a duration of time equivalent to the value of the note indicated, and then remains immobile on the strings; several movements in the same direction must be executed, as much as possible, with the same stroke of the arm.

In the first example (**rapid**) *the notes are surmounted by dots. In the second example* (**slow**) *the notes are extended by a corridor.*

Glissés de pédales : La première octave se joue avec les doigts et se module par l'action de la pédale sans l'intervention des doigts. L'exemple suivant démontre la possibilité d'exécuter des passages chromatiques rapides.

Sliding of pedals : The first octave is played with the fingers and becomes modulated by the action of the pedal without the intervention of the fingers. The following example illustrates the possibility of executing rapid chromatic passages.

Dans cet exemple les **glissés de pédales** tiennent lieu de troisième main.
In this example, the **sliding of pedals** takes the place of a third hand.

Sons métalliques : produits en maintenant la pédale entre deux crans.
Metallic sounds : Produced by holding the pedal halfway between two notches.

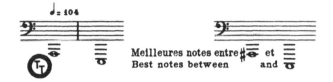

Sons de Tam-tam : principe de la chiquenaude, ou en frappant la corde avec un petit bâton d'ivoire.
Tam-tam Sounds : filliping, or by striking the string with a little ivory stick.

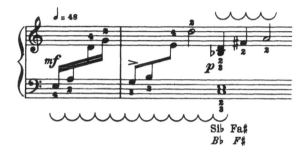

Sons Guitariques : produits en jouant tout près de la table d'harmonie.
Guitaric Sounds : produced by playing very close to sounding-board.

Parfois, ce signe se modifie; d'horizontal il devient ascendant, ce qui indique que l'on devra s'éloigner graduellement du bas des cordes vers le milieu.
Sometimes this sign is modified; instead of remaining horizontal, it turns upward, indicating a gradual rise from the lower end of the string toward the middle.

et vice versa lorsque le signe se présente dans le sens inverse.
and vice versa when the sign turns downward.

 pour jouer dans le haut des cordes.
to play at the upper ends of the strings.

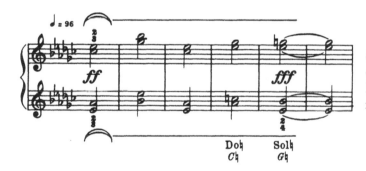

Sons plectriques : produits en jouant avec les ongles tout près de la table d'harmonie.
Plectric Sounds : produced by playing with the nails very close to the sounding-board.

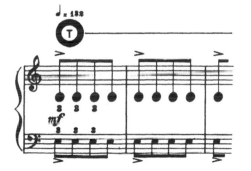

Sons Timbaliques : la main droite frappe la partie la plus sonore de la table d'harmonie avec l'extrémité du 3° doigt. La main gauche joue normalement. Ces deux sonorités doivent, autant que possible, se fondre l'une dans l'autre.
Timpanic Sounds : the right hand strikes the most sonorous part of the sounding-board with the tip of the 3d finger. The left hand plays normally. These two sonorities must, as much as possible, melt one into the other.

[17]

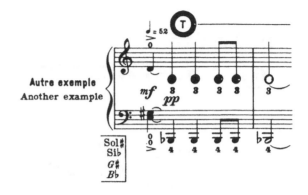

Autre exemple
Another example

Sons harmoniques d'octave : sonnant à l'octave supérieure de la note écrite. Cet harmonique se trouve exactement à la moitié de la corde.
Une série de sons harmoniques peut aussi s'indiquer de la manière suivante :

Harmonics in the octave : sounding the upper octave of the written note. This harmonic is found exactly in the centre of the string.
A series of harmonics may also be indicated like this:

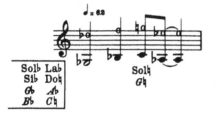

Sons harmoniques de douzième : cet harmonique se trouve exactement un tiers au-dessus de la moitié de la corde. (Note ovale : son produit. Note ronde : corde jouée.)
Harmonics in the twelfth : this harmonic is found exactly a third above the centre of the string. (Oval note: produced sound. Round note: string played.)

Sons Xylharmoniques : sons harmoniques étouffés au moment précis de leur production ; le 2° doigt (main droite) ou la main (main gauche) restant appuyée sur la corde jouée.
Xylharmonic sounds : harmonics muffled the instant they are struck; the 2d finger (right hand) or the hand (left hand) remaining against the string played.

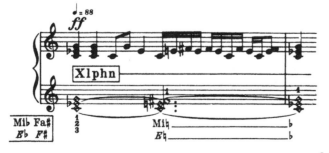

Sons Xylophoniques. Main gauche : le bout des doigts fortement appuyés sur la plus basse extrémité des cordes indiquées en notes carrées. La main droite joue au milieu de ces mêmes cordes. (Le rôle de chaque main peut s'invertir suivant le cas.) Cet effet peut aussi s'obtenir avec une main au lieu des deux, mais seulement pour des notes isolées : appuyer fortement le bout du 4° doigt sur la plus basse extrémité de la corde à jouer et jouer celle-ci avec le 2° doigt.

[18]

Xylophonic sounds.   Left hand : The finger-tips firmly pressed on the lowest extremity of the strings indicated by square notes.   Right hand plays in the centre of the same strings. (The rôle of each hand may be reversed according to requirements.)   This effect can also be obtained with one hand instead of both, but only for isolated notes: firmly press the tip of the 4th finger on the lowest extremity of the string to be played, and play same with the 2nd finger.

Sons isolés.

PRINCIPE : n'avoir qu'un son vibrant à la fois.

EXPLICATION : arrêter un son précédemment émis, en posant un doigt dessus au moment précis où l'on produit le son suivant.   Deux doigtés sont nécessaire; l'un (près de la note), indique le doigt qui émet le son; l'autre (près du ▣), indique le doigt qui étouffe la corde précédemment jouée.

DÉMONSTRATION DE L'EXEMPLE CI-DESSOUS.

1ʳ GESTE : jouer Ré et quitter.

2ᵉ GESTE : placer Sol.

3ᵉ GESTE : jouer Sol tout en posant (pas accrochant) le 4ᵉ doigt sur Ré et quitter les deux cordes simultanément.

4ᵉ GESTE : placer La.

5ᵉ GESTE : jouer La tout en posant (pas accrochant) le 3ᵉ doigt sur Sol et quitter les deux cordes simultanément.   Et ainsi de suite.

RÉSUMÉ : Un geste pour placer la corde à jouer; et un autre geste pour jouer cette corde et étouffer celle précédemment jouée.

Isolated sounds.

PRINCIPLE : to have but one sound vibrating at a time.

EXPLANATION : stop a sound previously emitted by putting a finger upon it at the precise moment when producing the next sound.   Two fingerings are necessary; one (near the note) indicates the finger which produces the sound; the other (near the ▣) indicates the finger which muffles the string previously played.

DEMONSTRATION ON THE EXAMPLE BELOW.

1st GESTURE : play D and leave.

2nd GESTURE : place G.

3rd GESTURE: play G while putting (not hooking) the 4th finger on D and leave both strings simultaneously.

4th GESTURE : place A.

5th GESTURE: play A while putting (not hooking) the 3rd finger on G and leave both strings simultaneously.   And so forth.

SUMMARY: one gesture to place the string to be played; and another gesture to play that string and muffle the one previously played.

Exemple
Example

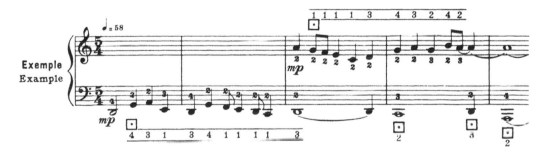

pour **étouffer** la vibration des cordes.   En général et à moins d'indication spéciale, on étouffe en appliquant la main absolument à plat sur les cordes (les doigts écartés).

to **muffle** the vibrations of the strings.   In general and unless special indications are given, the muffling is obtained by putting firmly the flat of the hand upon the strings (fingers being separated).

[19]

pour **étouffer un groupe spécifié de cordes.**   Avec la main à plat, étouffer simultanément les notes-limites et toutes celles comprises entre elles.

to **muffle a specified group of strings.**   With the flat of the hand, muffle simultaneously the given notes and all those in between.

Etouffés individuels.   Pour éliminer certains sons, lorsque ces sons entreraient en conflit avec d'autres harmonies.   Ces sons devront s'étouffer instantanément après avoir joué l'accord après lequel ils sont écrits.   (Tenir compte des doigtés pour étouffer.)

Individual Mufflings.   To eliminate certain sounds when these sounds would conflict with other harmonies.   These sounds must be muffled (with the fingers) instantaneously after having played the chord after which they are written.   (Take notice of the fingerings for muffling.)

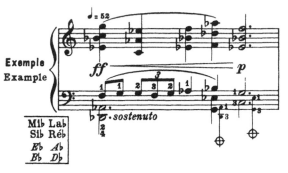

autre manière d'indiquer des **Etouffés individuels.**
another way of indicating **Individual Mufflings.**

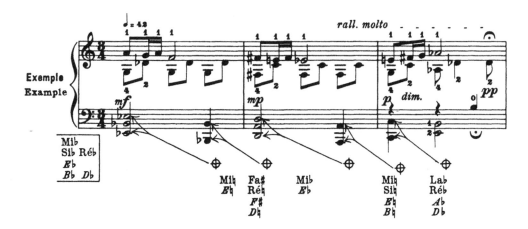

pour une série de **Sons étouffés.**
for a series of **Muffled Sounds.**

Mouvements conjoints ascendants.
Stepwise movements upward.

DÉMONSTRATION.   Dans l'exemple ci-dessus, on étouffe le son produit en plaçant instantanément le même doigt sur la corde suivante, de telle façon que le dos de la phalangette étouffe la corde que l'on vient de jouer (en ayant soin que l'ongle ne touche pas cette corde).

DEMONSTRATION.   In the above example, the produced sound is muffled by placing instantaneously the same finger on the following string, in such a way that the back of the smallest joint muffles the string that has just been played (taking care that the nail does not touch that string).

Mouvements disjoints, ascendants et descendants; (meilleur rendement avec la main gauche).
Skipwise movements ascending and descending; (best execution by the left hand).

POSITION. Appliquer la main gauche ouverte à plat sur les cordes, les doigts joints séparés du pouce, le pouce presque vertical, légèrement incliné vers les doigts.
EXÉCUTION. Jouer la corde, en prenant pour point d'appui l'extrémité du pouce lorsque un des doigts joue, et l'extrémité des doigts lorsque le pouce joue; puis, réappliquer instantanément la main à plat sur les cordes tout en plaçant le doigt qui jouera la corde suivante du trait.
RECOMMANDATION. Il est de toute importance de bien comprendre que l'étouffement est produit par la main à plat instantanément réappliquée sur les cordes, et non pas par le doigt qui vient de jouer (ainsi que les harpistes inexpérimentés sont tentés de le faire).

POSITION. Apply the flat of the left hand on the strings, fingers together separated from the thumb, the thumb almost vertical, slightly inclined toward the fingers.
EXECUTION. Play the string, using as a means of support the extremity of the thumb when one of the fingers is playing, and the extremity of the fingers when the thumb is playing; then reapply instantaneously the flat of the hand on the strings while placing the finger that plays the next string.
WARNING. It is of the utmost importance to understand that the muffling is produced by the flat of the hand instantaneously reapplied on the strings, and not with the finger that has just played (as inexperienced harpists are apt to do).

On peut aussi obtenir des **Accords étouffés** en jouant les accords d'une main et en les étouffant presque simultanément de l'autre.
Muffled Chords can also be obtained by playing chords with one hand and by muffling them almost simultaneously with the other hand.

Exemple
Example

pour **étouffer** dans le registre grave (avec la main gauche à plat).
to **muffle** in the low register (with the flat of the left hand).

[21]

pour **étouffer** toutes les cordes, depuis celle indiquée en petit caractère jusqu'à la corde **la** plus grave, avec une seule main (en un ou deux mouvements), ou avec les deux mains, suivant le cas. Dans l'exemple qui suit, une main seulement suffira pour les deux premiers cas. Le troisième cas réclame les deux mains.

To **muffle** all the strings, from the one indicated in small type to the lowest string, with one hand (in one or two movements), or two hands, as the case may be. In the example below, one hand only is sufficient for the first two cases. The third case calls for both hands.

pour **étouffer graduellement** avec la main gauche. La main, ouverte à plat sur les cordes, procède par une série de légères petites poses, en commençant par les cordes les plus graves, jusqu'à la note indiquée en petit caractère.

to **muffle gradually** with the left hand. The hand, flat on the strings, proceeds by a series of patting movements, starting on the lowest strings, up to the note written in small type.

pour **étouffer totalement** (avec les deux mains). Appliquer les deux mains à plat sur les cordes en boyaux, depuis le Sol de la 5ᵉ octave jusqu'au Mi de la 3ᵉ octave (à peu près). Puis, tandis que la main droite reste à sa place, la main gauche, aussi rapidement que possible, va se poser sur les cordes filées. Ces deux mouvements doivent s'effectuer presque simultanément et sans aucun bruit.*

to **muffle totally** (with both hands). Place the palms of both hands on the gut strings, from G in the 5th octave to (about) E in the 3d octave. Then, while the right hand remains in place, the left hand moves as rapidly as possible on the wire strings. These two movements must be executed almost simultaneously and without any noise.*

*On peut aussi procéder de la manière suivante: appliquer les deux mains à plat sur les cordes depuis la corde la plus grave. DO, jusqu'au LA de la 4e octave (à peu près). Puis, tandis que la main gauche reste sur les cordes filées, la main droite, aussi rapidement que possible, va se poser sur les cordes qui continuent à vibrer.

*One can also proceed in the following manner: place the palms of both hands on the strings, from the lowest string, C, to (about) A in the 4th octave. Then, while the left hand remains in place, the right hand moves as rapidly as possible on the strings which are still vibrating.

Sons fluidiques.

POSITION. *Main gauche* : placer le milieu (pas le bout) de la partie d'acier de la clef d'accord sur l'extrémité haute de la corde (côté gauche) indiquée par une note en pointillé :

Main droite : placer le 2ᵐᵉ doigt sur l'extrémité basse de la corde ainsi indiquée :

EXÉCUTION. Les différents sons (indiqués en écriture ordinaire *etc.*) s'obtiennent de la manière suivante:

PREMIÈRE NOTE. *Main gauche* : placer la clef sur la corde de manière à ce que cette corde produise la note indiquée en écriture ordinaire. (Dans l'exemple donné, la corde sur laquelle on pose la clef est   et le son à produire par l'intervention de la clef est   Ceux qui ne pourront pas facilement trouver la place de ce La♮ devront la chercher en s'aidant du La♮ de la troisième octave.)—*Main droite* : jouer cette même corde.

DEUXIÈME NOTE. *Main gauche* : glisser la clef le long de la corde.—*Main droite* : jouer cette même corde lorsque la clef se trouve à la hauteur produisant   , et ainsi de suite pour les autres notes. (Dans les passages vites, employer le deuxième doigt et le pouce alternativement, ainsi qu'indiqué dans l'exemple en doubles-croches.)

Fluidic Sounds.

POSITION. *Left hand* : place the centre (not the end) of the steel part of the tuning-key on the upper extremity (left side) of the string indicated by a note made up of dots:

Right hand : place the 2nd finger on the lower extremity of the string thus indicated:

EXECUTION. The different sounds (indicated by ordinary notes   *etc.*) are obtained in the following manner:

FIRST NOTE. *Left hand* : place the tuning-key on the string in such a way that that string produces the tone indicated by an ordinary note. (In the example given, the string on which one places the tuning-key is   and the sound to be produced by the intervention of the tuning-key is   Those who cannot easily find the place of this A♮ will find it by sounding the A♮ in the third octave.)

[23]

Right hand: play that same string.

SECOND NOTE. *Left hand* : slide the tuning-key on the length of the string. *Right hand:*

play that same string when the tuning-key is at the height which produces 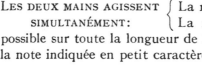 ,

and so forth for the other notes. (In quick passages use the second finger and the thumb alternatively, as indicated in the example in sixteenth-notes.)

Glissés fluidiques : s'obtiennent comme les Sons fluidiques, mais sans arrêter la clef sur aucune note précise (excepté sur les notes entre lesquelles s'effectue le glissé).

Fluidic glides : are obtained like the Fluidic Sounds, but without stopping the tuning-key on any decided note (except on the notes between which the glide is executed).

Sons en fusées : principe des Sons fluidiques.

LES DEUX MAINS AGISSENT ⌠ La main droite joue la corde.

SIMULTANÉMENT : ⌡ La main gauche fait glisser la clef aussi rapidement que possible sur toute la longueur de la corde (*premier exemple*), ou jusqu'à la hauteur de la note indiquée en petit caractère (*deuxième exemple*).

Rocket-like Sounds : principle of the Fluidic Sounds.

BOTH HANDS ACT ⌠ The right hand plays the string.

SIMULTANEOUSLY: ⌡ The left hand slides the tuning-key as rapidly as possible the whole length of the string (*first example*), or just to the height of the note indicated in small type (*second example*).

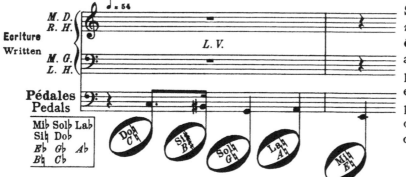

Sons ésotériques : *Dans cet effet les mains ne sont pas employées.* Les **Sons ésotériques** s'obtiennent en actionnant aussi énergiquement que possible les pédales du ♭ au ♮ ou du ♮ au ♯. Cet effet est surtout appréciable lorsqu'exécuté par plusieurs harpes à la fois (et avec des harpes modernes de toute première qualité).

Esoteric Sounds : *In this effect the hands are not used.* The **Esoteric Sounds** are obtained by moving the pedals, as energetically as possible, from ♭ to ♮ or from ♮ to ♯. This effect is peculiarly appreciable when executed by several harps together (and with modern harps of the very best make).

Con Sordina : pour jouer avec la sourdine.
La sourdine de la harpe est une étroite bande de papier (2 centimètres de largeur) qu'on entrelace dans l'extrémité haute des cordes et qui produit un son court se rapprochant de celui du Clavecin.
Senza Sordina : pour ôter la sourdine.

Con Sordina : play with the mute.
The mute of the harp is a narrow strip of paper (¾ of an inch wide) which one interlaces at the upper extremity of the strings, and which produces a short, unsustained sound like that of the Harpsichord.
Senza Sordina : take off the mute.

L. V.

pour laisser vibrer.
to let vibrate.

▼

pour interrompre très courtement la régularité du mouvement (de la mesure) au milieu d'une phrase.
to interrupt very shortly the regularity of the movement (of the time) in the middle of a phrase.

⌐•⌐

signifie un point d'arrêt moins long que ⌒
signifies a somewhat briefer pause or hold than ⌒

⌒'

pour une légère suspension entre deux phrases (comme une respiration).
for a slight suspension between two phrases (like a breath).

(Les trois derniers signes, de la plus haute importance, dont l'usage s'étend à la musique en général, ont été ajoutés à ces signes harpistiques par suite de leur emploi relativement récent.)
(The last three signs, being of the utmost importance, and employed generally in music, are added to the special harpistic signs because of their comparatively recent introduction.)

Note concernant l'exécution des Études suivantes

Les titres de ces Études ont été placés à la fin de chacune, non point pour offrir un commentaire précis et littéraire de la musique, mais afin d'évoquer l'atmosphère intérieure qui a enveloppé la conception de l'œuvre.

La parenthèse où s'insère ces titres a pour but d'atténuer l'importance objective des sujets qui se trouvent ainsi proposés comme bases facultatives à l'imagination poëtique de l'exécutant. Afin de se conformer à la pensée de l'auteur, chaque fois que ces Etudes seront inscrites à un programme, il sera donc nécessaire de ne pas omettre les parenthèses:

Note : Concerning the execution of the following Studies.

The titles of these Studies have been placed at the end of each one, not with the object of inspiring literary comment on the music, but to evoke the intimate atmosphere which invested the conception of the work.

The parentheses enclosing these titles aim to decrease the objective importance of the subject, which, thus presented, will serve as an optional basis for the poetical imagination of the player. In order to conform to the author's wishes, every time that these Studies are inscribed on a program, the parentheses must not be omitted:

"(FLIGHT)"

"(MIRAGE)"

"(INQUIETUDE)"

"(IDYLLIC POEM)"

"(COMMUNION)"

MEMORANDUM

Dans les Etudes suivantes, les sons harmoniques sont écrits à l'ancienne manière; ils sonnent à l'octave supérieure de la note écrite.

In the following Studies, harmonics are written in the old manner; they sound an octave higher than the written note.

Five Poetical Studies for Harp Alone

I. Sur des Gammes   I. On Scales

Carlos Salzedo
(1918)

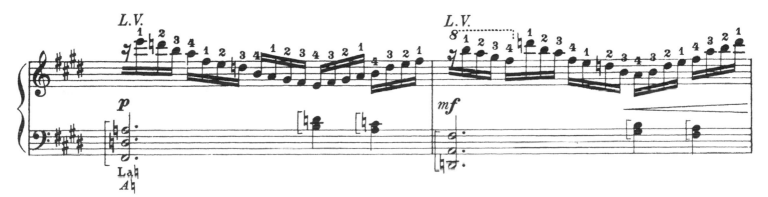

28766 c

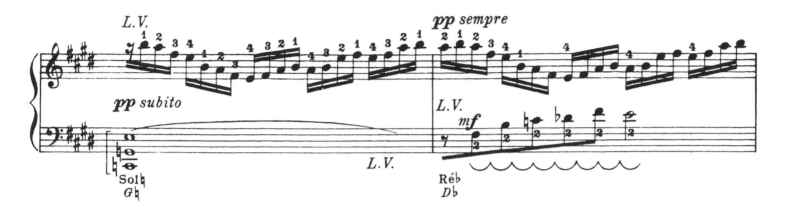

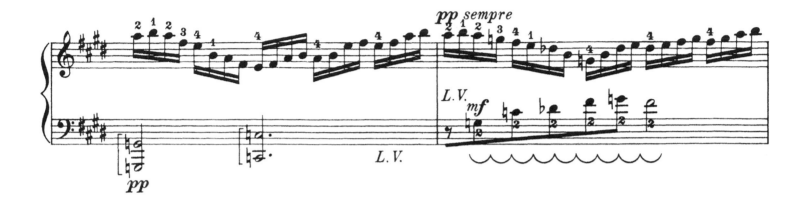

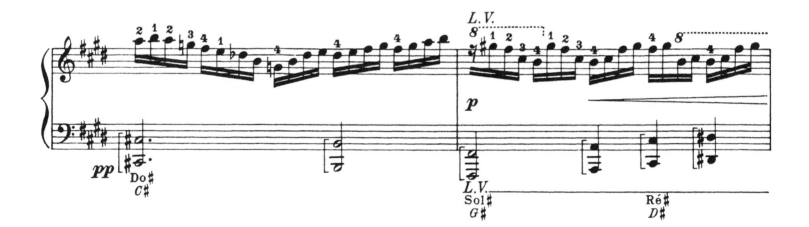

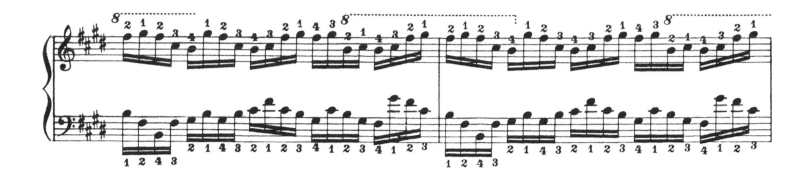

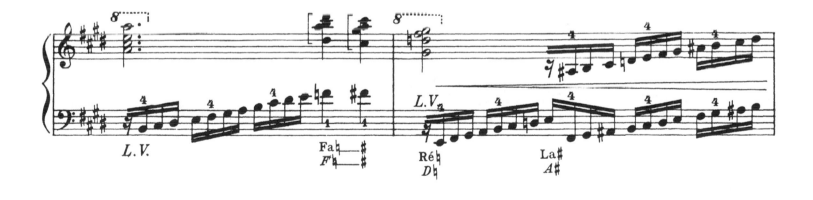

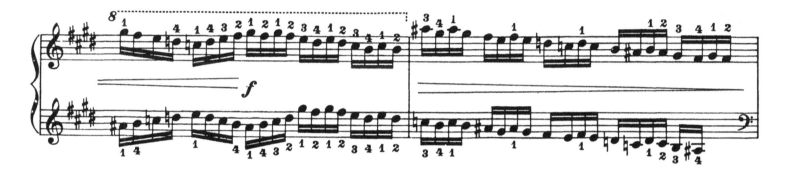

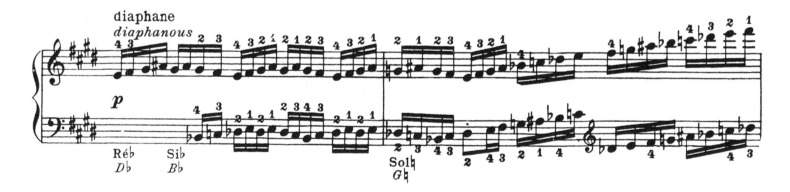

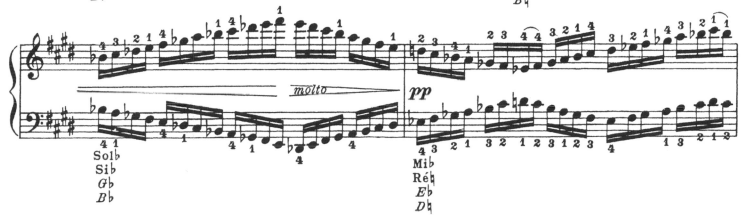

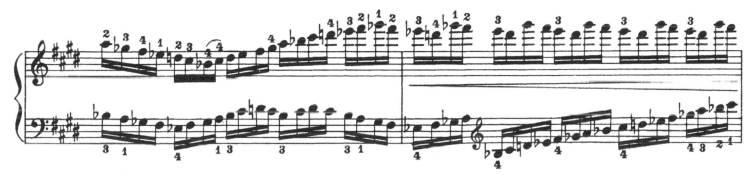

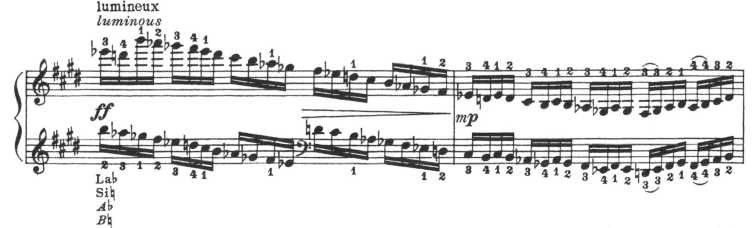

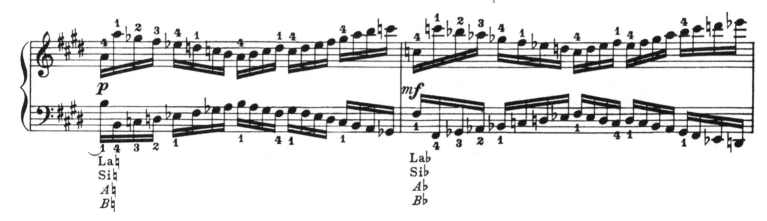

(sans ralentir)
(no retard)

mf
L.V.

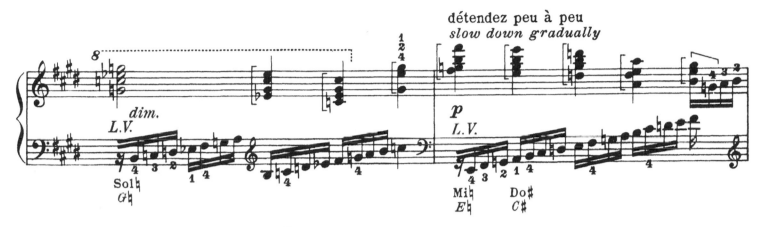

détendez peu à peu
slow down gradually

dim.
L.V.

Sol♮
G♮

p
L.V.

Mi♮
E♮

Do#
C#

L.V.

Sol#
Ré♭
G#
D♭

Fa♮
Ré♭
F♮
D♮

a tempo

mf

Fa#
F#

Mi#
E#

L.V.

p

Do♮
C♮

sans aucun ralenti
without any retard

L.V.

pp

La#
A#

L.V.

pp

L.V.

"(Flight)"

28766

II. Sur des Arpèges II. On Arpeggios

On devra d'abord travailler cette mesure, car les mesures suivantes se jouent sur les mêmes cordes modifiées par les changements de pédales.

One should, at first, practice this measure, as the following measures are played on the same strings modified by the changes of pedals.

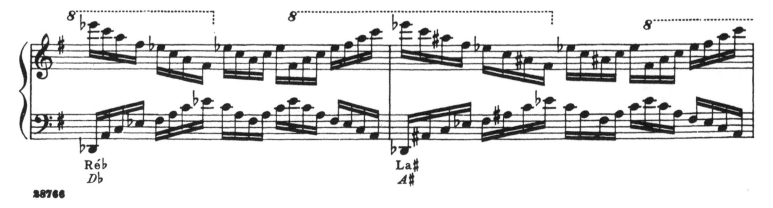

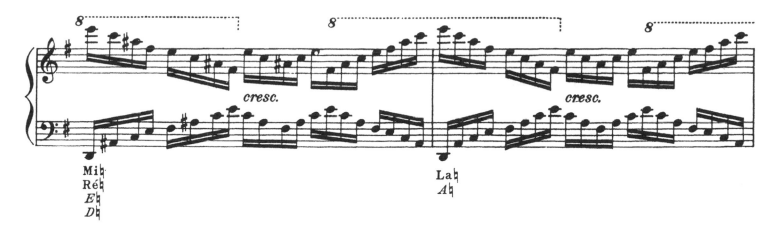

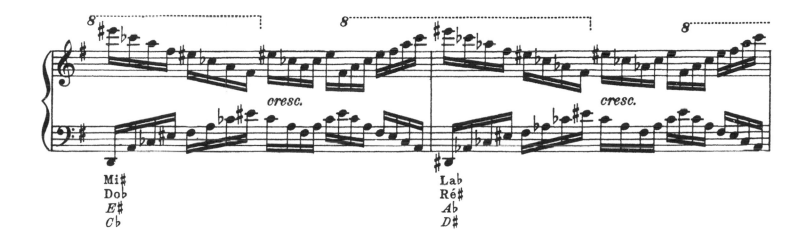

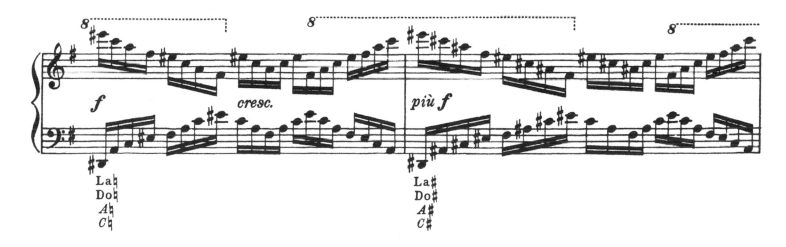

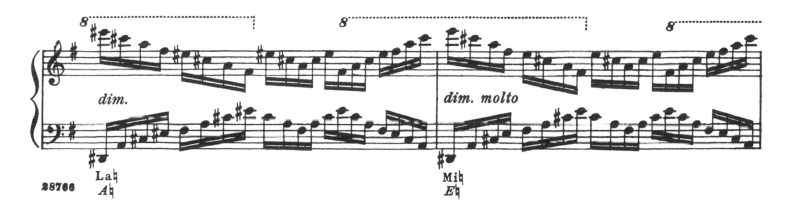

28766

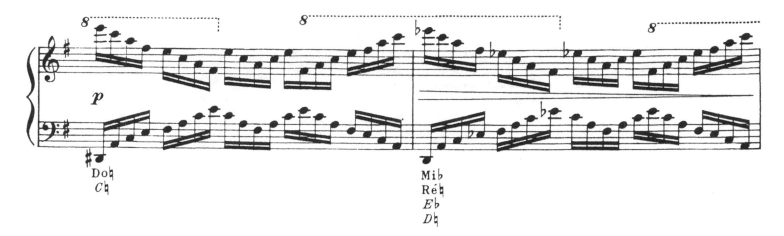

Do♮
C♮

Mi♭
Ré♮
E♭
D♮

sans aucun ralenti
without any retard

L. V.

La♭
Do♭
A♭
C♭

1 2 3 4 1 2

très soutenu
very sustained
(♩ = 66)

La♮
A♮

(appliquez la même règle que pour la 5me mesure)
(apply the same rule as for the 5th measure)

Do♮
C♮

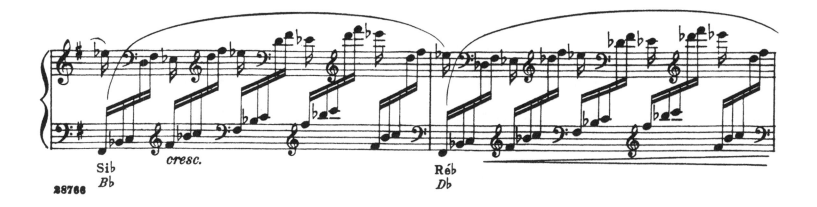

Si♭
B♭

cresc.

Ré♭
D♭

sans aucun ralenti
without any retard

(♩ = 56)
avec grande souplesse
with great suppleness

Mi♭
Si♭
E♭
B♭

Ré♭
D♭

aisé
at ease

Sol♮
Si♭
G♮
B♭

Sol♯
Si♮
G♯
B♮

Sol♯
Si♭
G♯
B♭

Sol♯
Si♮
G♯
B♮

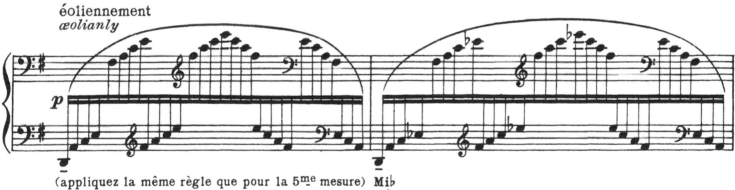

éoliennement
æolianly

(appliquez la même règle que pour la 5ᵐᵉ mesure) Mi♭
(apply the same rule as for the 5th measure) *E♭*

Ré♭
D♭

La♯
A♯

38

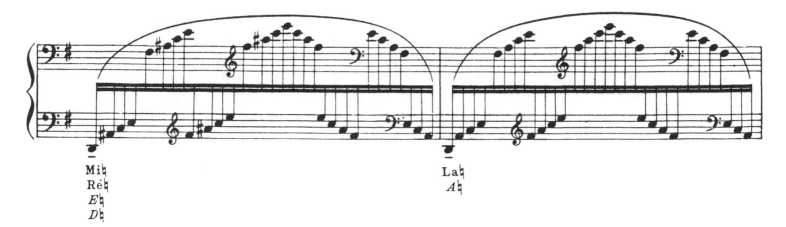

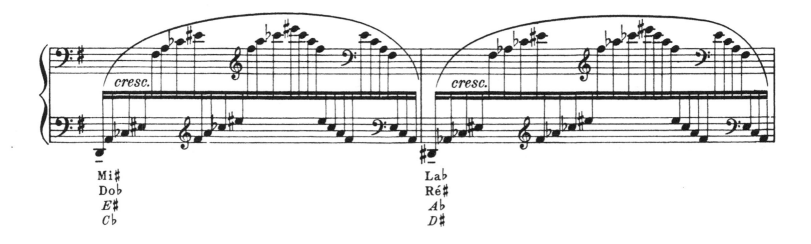

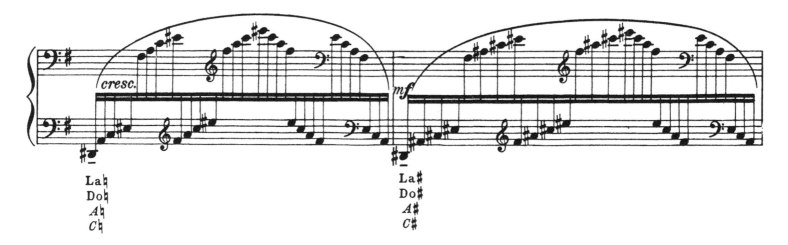

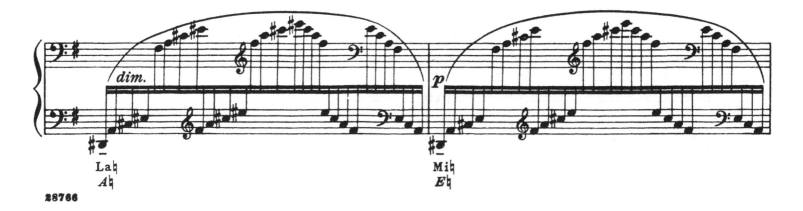

28766

sans aucun ralenti
without any retard

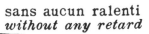

en disparaissant
fading away

expressif
($\quarternote$ = 52) *expressive*

(♩ = 56)
détendez
slow down

gracieux
graceful

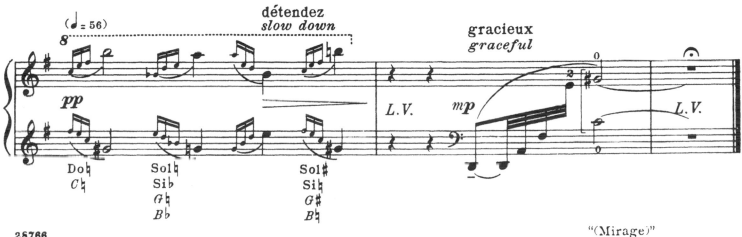

"(Mirage)"

III. Sur des Notes d'agrément et des Trilles

III. On Grace-Notes and Trills

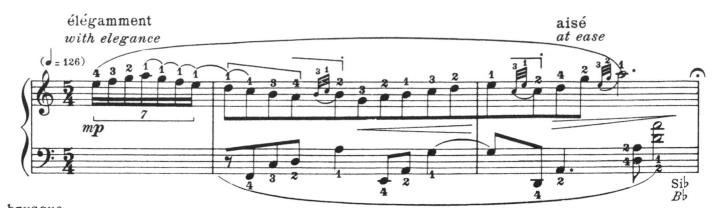

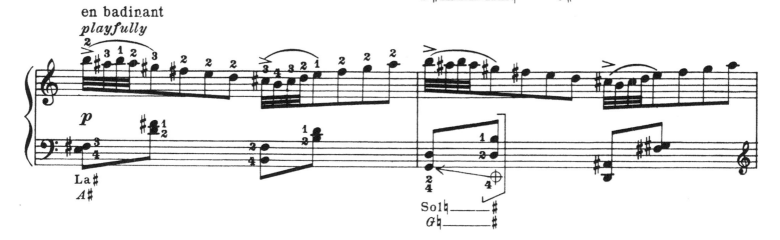

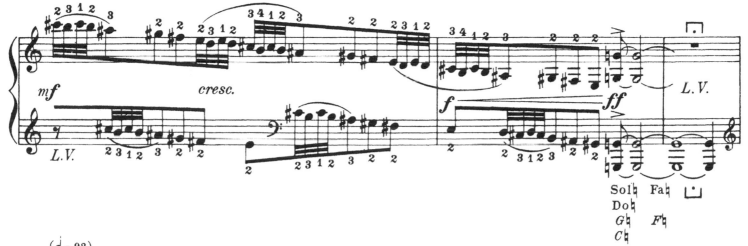

($\downarrow$ = 92)

moins vif, dans une inquiétude de plus en plus croissante
less lively, in a more and more intensified restlessness

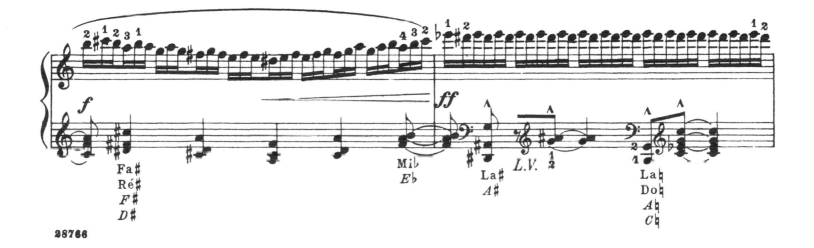

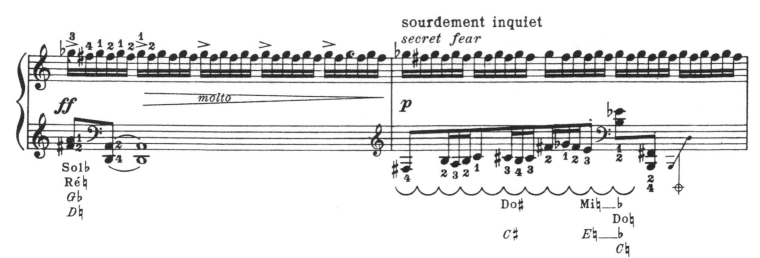

sourdement inquiet
secret fear

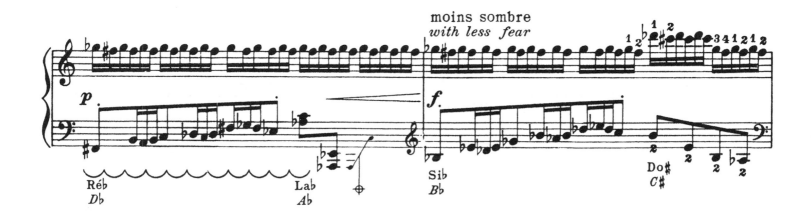

moins sombre
with less fear

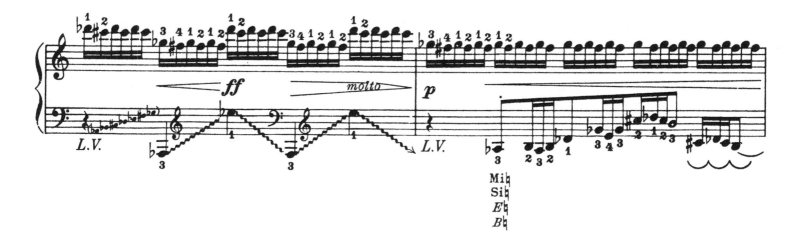

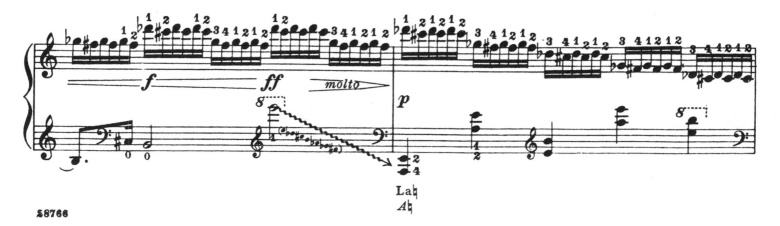

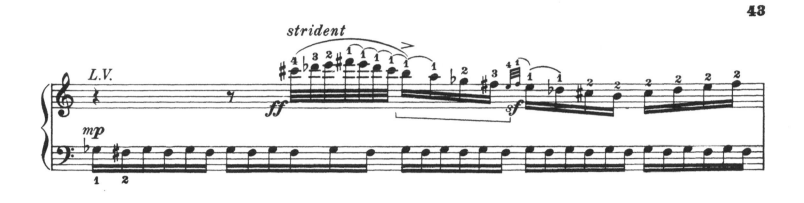

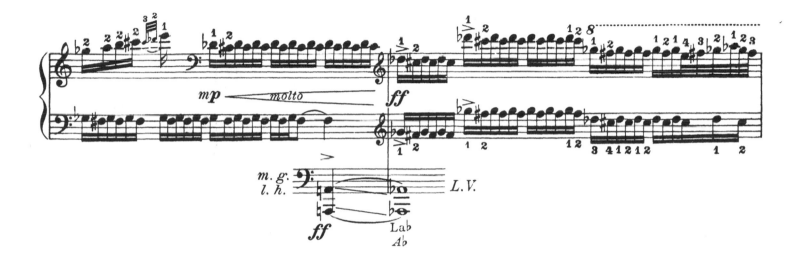

dans une atmosphère de nonchalance et d'espoir
in an atmosphere of nonchalant hope

détendez
slow down

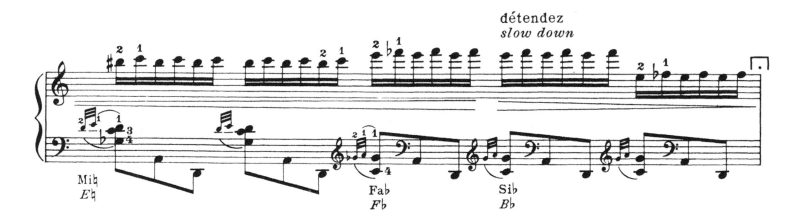

(délicat)
(delicate)

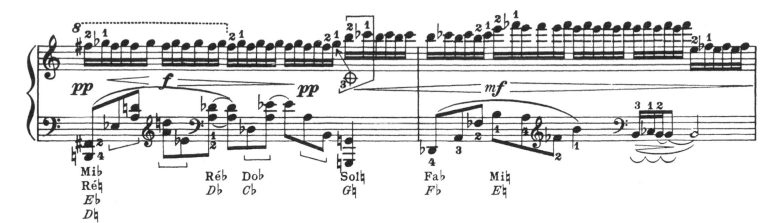

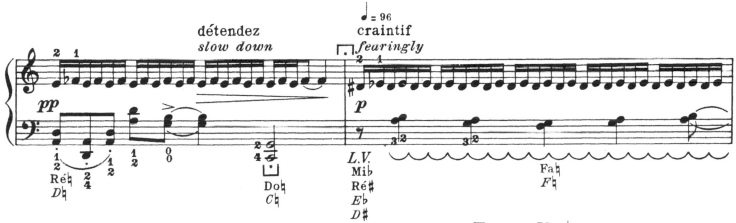

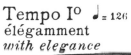

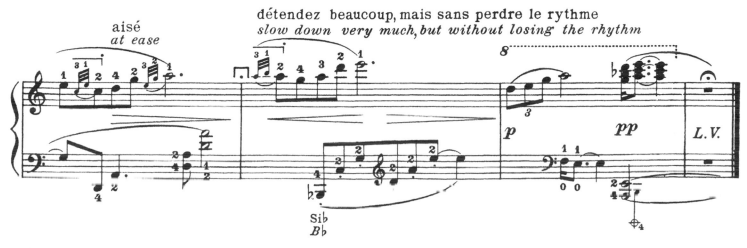

28766

"(Inquietude)"

IV. Sur des Doubles-Notes
et sur des phrases mélodiques
en sons naturels et harmoniques

Dans cette étude, chaque accord (de deux notes ou plus) doit être absolument inarpégé, à moins d'être précédé du signe de l'arpègement.

IV. On Double Notes
and on Melodic phrases
in natural sounds and harmonics

In this study, every chord (of two or more notes) must be played flat—not broken—unless it is preceded by the arpeggiando-sign.

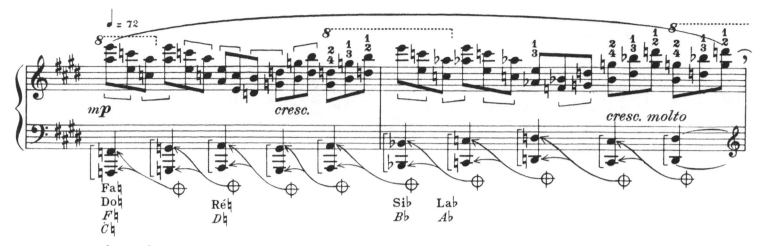

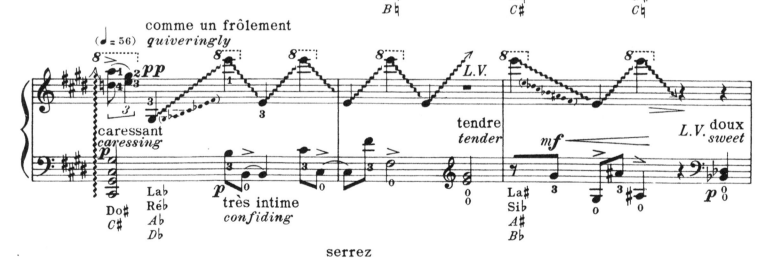

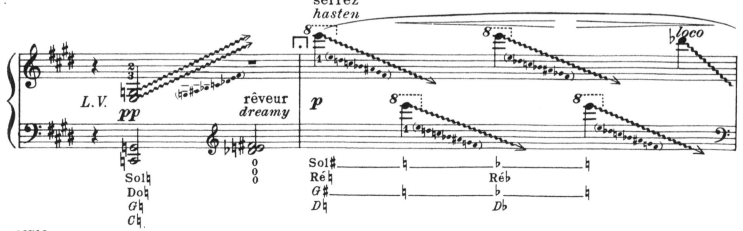

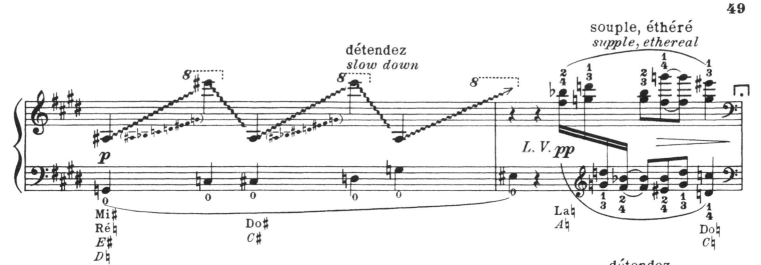

souple, éthéré
supple, ethereal

détendez
slow down

Mi♯
Ré♮
E♯
D♮

Do♯
C♯

La♮
A♮

Do♮
C♮

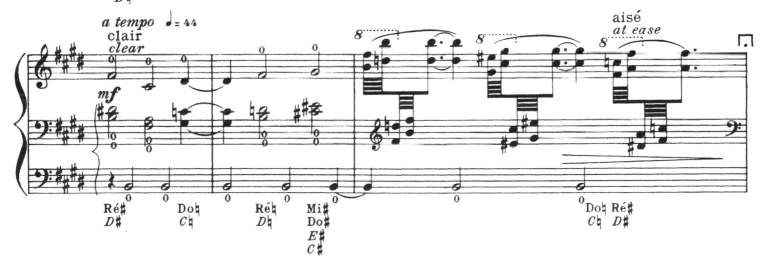

très lent
very slow

souple
supple

détendez
slow down

Mi♭
Si♭
E♭
B♭

Do♯
C♯

Sol♯
G♯

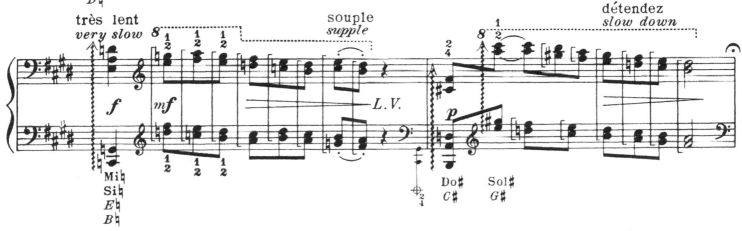

a tempo ♩ = 44

clair
clear

aisé
at ease

Ré♯
D♯

Do♮
C♮

Ré♮
D♮

Mi♯
Do♯
E♯
C♯

Do♮ Ré♯
C♮ D♯

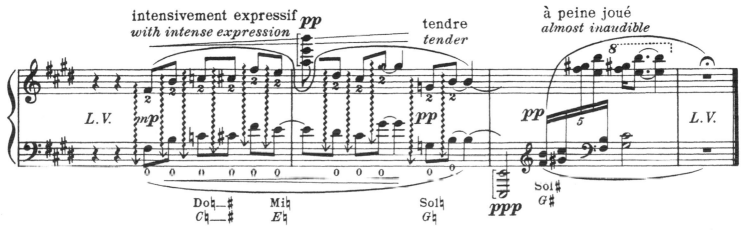

intensivement expressif
with intense expression

tendre
tender

à peine joué
almost inaudible

Do♮—♯
C♮—♯

Mi♮
E♮

Sol♮
G♮

Sol♯
G♯

"(Idyllic Poem)"

28766

V. Sur des Accords

Afin de ne pas donner l'impression d'arpèges, les *accords-géants* (de la **3**me mesure et ceux d'après) doivent se rouler aussi rapidement que possible.

On obtiendra ce résultat en les travaillant, d'abord, comme de lents arpèges, en replaçant aussi rapidement que possible, sans altérer la position des mains, et en conservant les bras absolument horizontaux.

V. On Chords

So as not to give impressions of arpeggios, the *giant-chords* (of the **3**rd Measure and those after) must be rolled as rapidly as possible.

This result will be attained by practising them, firstly, as slow arpeggios, replacing as rapidly as possible, without altering the position of the hand, and keeping the arms absolutely horizontal.

r. h. = right hand — main droite
l. h. = left hand — main gauche

* Jouer le Ré grave immédiatement après l'accord. (Même observation pour la troisième mesure de la page suivante.)

* Play the low D immediately after the chord. (Same remark applies to the third measure on the following page.)

28766

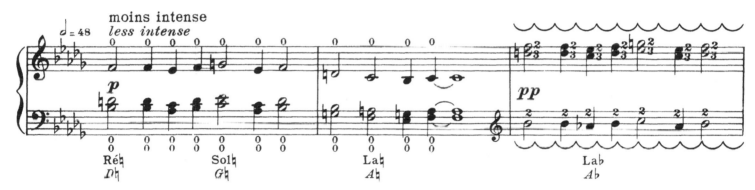

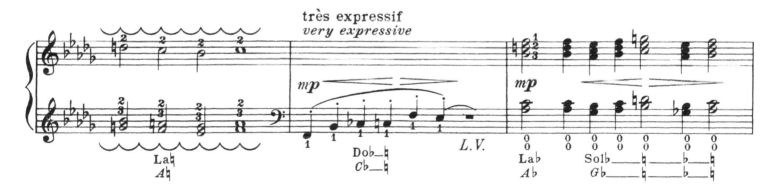

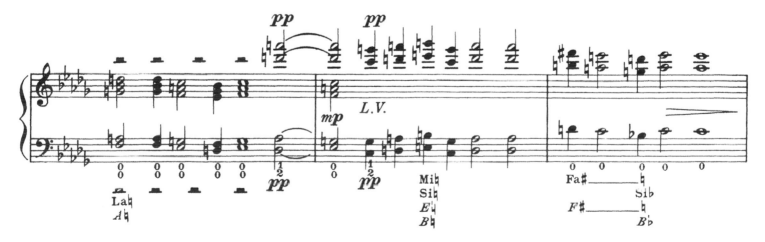

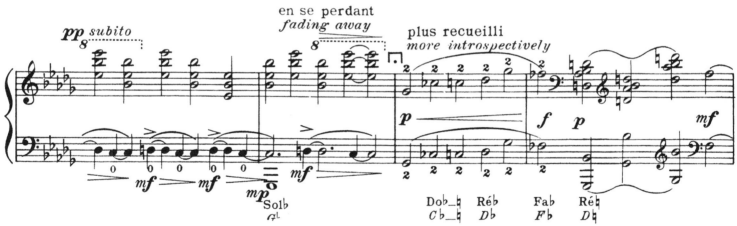

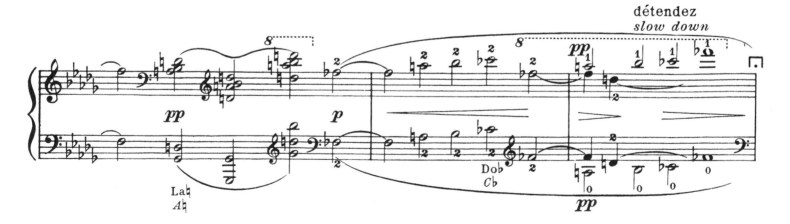

"(Communion)"